MW01178827

Título del original inglés:
THE BEST OF BUSINESS QUOTATIONS

Traducido por:
GUILLERMO SOLANA

Edición de Helen Exley.
Diagramación: Pinpoint Design Company.
Búsqueda de grabados: Image Select.

I.S.B.N.: 84-414-0168-3

Agradecemos a las siguientes entidades el permiso para reproducir sus grabados: The Bridgeman Art Library, portada, página del título y páginas 6/7, 18, 35,
36/37; © DACS 1993 «Lowry The Pond», 1950, páginas 52/53; E T Archive,
páginas 8, 14/15, 46, 49, 52/53; Image Bank, páginas 11, 12, 16, 21, 24/25, 26/27,
32, 34, 39, 45, 54/55, 56/57; National Railway Museum, York, portada; Scala,
páginas 28/29, 40/41, 58.

PRINTED IN CHINA / IMPRESO EN CHINA

LAS MEJORES CITAS SOBRE LOS NEGOCIOS

EDITADO POR
HELEN EXLEY

EDAF
MADRID

«Es un buen negocio ser bueno.»

ANITA RODDICK, n. en 1943,
fundadora y directora general de Body Shop International

«Una empresa representa muchas cosas, la
menor de las cuales es el balance de resultados.
Se trata de algo fluido, siempre cambiante,
que a veces se remonta a las alturas y otras
se hace añicos. El alma de una empresa
la constituye una curiosa alquimia de deseos,
necesidades, anhelos y satisfacciones
mezclados con abnegación, sacrificios
y aportaciones personales, más allá
de los beneficios materiales.»

HAROLD GENEEN, n. en 1910,
International Telephone & Telegraph Company

«Me horroriza que la ética sea sólo una
asignatura optativa más en la Facultad de
Ciencias Empresariales de Harvard.»

SIR JOHN HARVEY-JONES, n. en 1924
ex presidente de Imperial Chemical Industries

«Si haces bien las cosas, hazlas mejor.
Atrévete, logra el primer puesto, sé diferente
y obra con justicia.»

ANITA RODDICK, n. en 1943,
fundadora y directora general de Body Shop International

«Preocúpate de tu nombre,
que eso perdurará
más que mil grandes
tesoros de oro.»

Eclesiástico, 41:12

«No triunfarás si haces algo
sólo por dinero.»

BARRY HEARN, *promotor de snooker**

* Juego de billar de origen inglés, con una bola blanca, quince rojas y seis de otros colores
(amarillo, verde, marrón, azul, rosa y negro). *(N. del T.)*

«Necesitamos una perspectiva nueva de
la empresa. En una sociedad cada vez más
urbana y suburbana, hacen falta
una forma de organización laboral y una ética
del trabajo que brinden a hombres y mujeres
un determinado campo, una cierta
dignidad y libertad, y no simplemente
una existencia.»

GEORGE GODYER,
British International Paper Ltd.

«Los directivos superiores deben saber en qué medida son buenas o malas las condiciones laborales de sus empleados. Han de comer en sus comedores, comprobar que la comida esté bien preparada, visitar las duchas y los aseos. Si no les parecen bastante buenos para ellos mismos, no lo serán para nadie.»

LORD SIEFF (1889-1972),
en una entrevista del «Sunday Telegraph Magazine»

«Si encuentras un modo de cuidar de los empleados, te darán lo mejor de sí, se esforzarán por superarse o, al menos, por aventajar a la competencia. En definitiva, con este sistema de preocuparte por ellos no puedes fallar.»

SIR HECTOR LANG,
United Biscuits (Holdings)

«Veamos el caso de los aseos. Siempre he creído que la democracia industrial comienza en los retretes.»

SIR PETER PARKER,
ex presidente de British Rail

«Mi fórmula del éxito se resume en
tres palabras: trabajo, trabajo y trabajo.»

SILVIO BERLUSCONI,
propietario italiano de medios de comunicación

«Para triunfar, lo primero que has de hacer
es enamorarte de tu trabajo.»

HERMANA MARY LAURETTA,
monja católica

«En Amstrad el personal empieza a trabajar
pronto y acaba tarde. Nadie almuerza
—pueden comer un bocadillo en su mesa—
ni charla. Todo es acción, la atmósfera resulta
sorprendente y el *orgullo profesional*
es impresionante. Divierte trabajar de firme.»

ALAN SUGAR, n. en 1942,
fundador y presidente de Amstrad

«Amar es comprometerse a trabajar,
interesarse y crear.»

LINA WERTMULLER, n. en 1929,
cineasta

«Todo trabajo acaba en él, y
bulle mientras aguarda.»

THOMAS A. EDISON

«Si no te ves dispuesto a sumirte
en el trabajo más allá de la capacidad del
individuo medio, no estás hecho para
llegar a lo más alto.»

J. C. PENNEY,
ex presidente de J. C. Penney

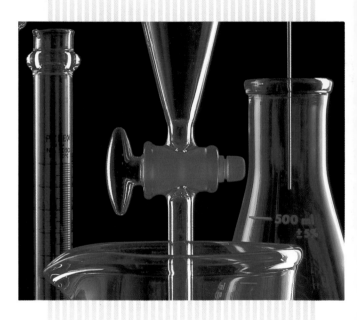

«Los únicos límites son, como siempre,
los de la visión.»
JAMES BROUGHTON

«Cada problema esconde una
oportunidad tan fuerte que literalmente
lo empequeñece. Los éxitos más
grandes fueron de quienes reconocieron
un problema y lo convirtieron en un
negocio.»
JOSEPH SUGARMAN

«Soy un motor y un agitador. Motores
y agitadores se concentran en el cambio.
No en hacer las cosas como siempre se
hicieran ni en esconder
la cabeza tras el parapeto.»
SIR RALPH HALPERN, n. en 1938,
presidente del British Fashion Council

«Y lo malo es que si no arriesgas
algo, arriesgarás aún más.»
ERICA JONG, n. en 1942,
escritora

«Si ves un carro triunfal, ya es demasiado tarde.»
SIR JAMES GOLDSMITH,
fundador de empresas industriales, comerciales y financieras

> «Quiero trabajar en una empresa que contribuya a la comunidad y sea parte de ésta. No pretendo simplemente algo en que afanarme. Deseo algo en qué creer.»

ANITA RODDICK, n. en 1943,
fundadora y directora general de Body Shop International

«La dirección empresarial ha de poseer un propósito, una dedicación, y ésta debe tener un compromiso emocional, constituido como parte vital de la personalidad de cualquiera que sea verdaderamente un ejecutivo.»

HAROLD GENEEN, n. en 1910,
International Telephone and Telegraph Company

«Si no sabes hacia dónde
te diriges, acabarás probablemente
en otro sitio.»

DR. LAURENCE J. PETER, n. en 1919,
educador canadiense

«Si uno desea triunfar, debe pensar;
ha de meditar hasta que le duela. Tendrá que
reflexionar sobre un problema hasta
que no parezca existir aspecto alguno
que no haya considerado.»

LORD THOMSON OF FLEET (1894-1976),
ex presidente de la Thomson Organisation

«Si existe un modo mejor de hacer algo...,
encuéntralo.»

THOMAS A. EDISON

«Ves cosas, y dices: "¿Por qué?" Pero
yo sueño cosas que nunca existieron, y digo:
"¿Por qué no?"»

GEORGE BERNARD SHAW (1856-1950),
dramaturgo irlandés

«Ten siempre presente que tu propia
determinación de triunfar es más importante
que cualquier otra cosa.»

ABRAHAM LINCOLN

«En el mundo de los negocios normalmente
llegas, si persistes. Es la vieja fábula
de la tortuga y la liebre.»

NOEL LISTER,
cofundador y ex director de MFI Furniture Group

«La mayoría de las personas renuncian
cuando están a punto de lograr el éxito.
Abandonan en el último metro. Desisten
en el minuto final del partido,
al borde de alcanzar la pelota.»

H. ROSS PEROT, n. en 1930,
empresario y político

«Son muchos los que sueñan con el éxito.
En mi opinión, sólo se logra tras
repetidos fallos y reflexiones. De hecho,
el éxito representa el 1 % de tu trabajo
que resulta de ese 99 % que llamamos fracaso.»

SOICHIRO HONDA, n. en 1906,
fundador de la Honda Corporation

«Pocas cosas resultan imposibles con diligencia
y destreza... Las grandes obras no son fruto
de la fuerza, sino de la perseverancia.»

SAMUEL JOHNSON (1709-1784),
escritor

«La dilación es el asesino natural del negocio.»

VICTOR KIAM,
presidente y director de Remington Products Inc.

«El trabajo se alarga hasta ocupar el tiempo disponible para su realización.»

PROFESOR C. NORTHCOTE PARKINSON (1909-1993),
autor de «La Ley de Parkinson»

«Bueno, no podemos estar aquí sin hacer nada, la gente pensará que somos trabajadores.»

SPIKE MILLIGAN, n. en 1918,
actor británico

«Mientras negocias por conseguir 35 horas semanales de trabajo, recuerda que en Taiwan tienen 66, y que estás compitiendo con Taiwan.»

VICTOR KIAM,
presidente y director de Remington Products Inc.

«La cultura de una empresa es aquella en donde cada individuo comprende que el mundo no está obligado a proporcionarle un medio de vida.»

PETER MORGAN, n. en 1936,
director general del Instituto de Directores

«La libertad de fracasar es vital para triunfar. La mayoría de los que logran el éxito fallan una y otra vez, y el hecho de que esos fracasos los empujen a nuevas tentativas de victoria demuestra el poder de su fuerza.»

MICHAEL KORDA

«Si has cometido errores, siempre te queda otra oportunidad; puedes empezar de nuevo en el momento que decidas, porque lo que llamamos "fallo" no es una caída, sino seguir abajo.»

MARY PICKFORD (1893-1979),
actriz

«... Tal vez te decepcione fracasar, pero estarás acabado si no lo intentas.»

BEVERLY SILLS, n. en 1929,
cantante y director de ópera

«Jamás aceptes el fracaso, por mucho que te visite. Prosigue tu camino. Nunca renuncies. Nunca.»

DR. MICHAEL SMURFIT,
Jefferson Smurfit

«La calidad de vida de una persona se halla en relación directa con su compromiso por destacar, sea cual fuere el campo elegido para sus afanes.»

VINCENT T. LOMBARDI

«Pienso que es ley inmutable en el mundo empresarial que las palabras sean palabras, las explicaciones sean explicaciones, las promesas sean promesas, pero que sólo los hechos constituyan la realidad.»

HAROLD GENEEN, n. en 1910,
International Telephone and Telegraph Company

«Creo firmemente que un hombre o
una mujer que ascienda en la jerarquía
de una empresa debe justificar cada día su
posición. Ha de conocer también un estado
de perpetua ansiedad, de esa ansiedad
sana que impulsa a uno a rechazar
la complacencia.»

JACQUES MAISONROUGE,
ex vicepresidente general de IBM

«En contra del tópico, los ejecutivos
verdaderamente buenos son a menudo
los primeros en acabar o los más inmediatos.»

MALCOLM FORBES (1919-1990),
editor

«El hombre a quien se niega la oportunidad
de adoptar decisiones importantes comienza a
considerar como tales las que le dejan tomar.
Se torna minucioso en archivar papeles,
se afana en sacar punta a los lapiceros,

se asegura bien de que se abran (o se cierren)
las ventanas y suele emplear
dos o tres lapiceros
de colores diferentes.»

PROFESOR C. NORTHCOTE PARKINSON (1909-1993)

«Venderla ha de ser la cosa más estimulante
que puedes hacer con la ropa que vistes.»

JOHN FENTON,
guru

«El sonido de la caja registradora hace
fluir verdaderamente mi adrenalina.»

STANLEY KALMS, n. en 1931

«No tengo vida privada.
Y mi mujer me comprende.
Cuando en casa no suena el teléfono, me
siento deprimido. Entonces ella me dice:
"¿Por qué no sales y vendes algo?"
Y eso siempre me anima.»

LORD GRADE, n. en 1906,
magnate de la televisión

«Da siempre lo mejor de ti. Cosecharás más
tarde lo que ahora siembres.»

O. G. MANDINO

«No es el empresario quien abona los salarios;
él sólo administra el dinero. El beneficio
es el que paga los sueldos.»

HENRY FORD (1863-1947),
ingeniero y fabricante norteamericano de automóviles

«Jamás mató a nadie el trabajo duro.
Los hombres mueren de tedio, conflictos
psicológicos y enfermedades. Cuanto más
de firme trabajen tus empleados,
más felices y sanos se sentirán.»

DAVID OGILVY, n. en 1911,
fundador de Ogilvy and Mather

«Hay que vivir la vida. Si tienes que
mantenerte, mejor será que encuentres
algún medio interesante.
Y no lo conseguirás si sigues sentado.»

KATHARINE HEPBURN, n. en 1909,
actriz

«El diccionario es el único lugar
en donde éxito precede a trabajo.»

VIDAL SASSOON, n. en 1928,
peluquero estilista

«Siempre trato de recalcar
la armonía de intereses entre la empresa
y el personal. No somos adversarios.
Somos socios.»

SIR HECTOR LANG,
United Biscuits (Holdings)

«Nuestra experiencia prueba que una política
acertada de relaciones humanas genera
autodisciplina, estabilidad en los empleados,
buen servicio al cliente, productividad elevada
y excelentes beneficios que compartimos
todos: asalariados, accionistas, pensionistas
y la comunidad.»

LORD SIEFF (1889-1972),
ex presidente de Marks & Spencer

«A directivos y ejecutivos incumbe
la responsabilidad de dar oportunidades
y de exigir a los empleados para
que en su entorno laboral
se desarrollen como seres humanos.»

SIR JOHN HARVEY-JONES, n. en 1924

«El peor error que puede cometer un jefe
es no decir "bien hecho".»

JOHN ASHCROFT, n. en 1948,
ex presidente de Coloroll

«Cuanto mayor sea la oficina central,
más decadente será la empresa.»

SIR JAMES GOLDSMITH,
fundador de empresas industriales, comerciales y financieras

«Cuanto más lujosos sean los comedores
de la oficina central, más ineficaz será la
empresa.»

ROLAND FRANKLIN,
fundador de Pembridge Investments

«Todas esas actividades alimentadoras del ego
—las largas horas en la "limusin" los viajes
en el reactor de la compañía, la colección de
recortes de prensa, los discursos innecesarios—
nutren la enfermedad empresarial y,
por último, crean un problema en quien
por lo demás fue un ejecutivo
competente e incluso brillante.»

HAROLD GENEEN, n. en 1910,
ex director de International Telephone and Telegraph Company

«Si pretendes un lugar al sol, tendrás
que sufrir algunas ampollas.»

ABIGAIL VAN BUREN, n. en 1918,
escritora y periodista norteamericana

«La persona proclive al papeleo
ha perdido la iniciativa. Aborda lo
que le traen, habiendo dejado
de resolver los asuntos por sí misma.
Ha sido esencialmente derrotada
en su empleo.»

PROFESOR C. NORTHCOTE PARKINSON (1909-1993),
autor de «La Ley de Parkinson»

«En un sistema jerárquico cada empleado tiende
a elevarse hasta su nivel de incompetencia.»

DR. LAURENCE J. PETER, n. en 1919

«En las empresas actuales no existe
el bribón, sino el hombre honrado que
no sabe qué es lo que está haciendo.»

OWEN D. YOUNG

«Creo que una crisis contribuye realmente a desarrollar el carácter de una organización.»

JOHN SCULLEY,
presidente de Apple Computer Inc.

«Necesito problemas. Un buen problema me revive.»

«TINY» ROLAND,
director ejecutivo de Lonrho

«Un ejecutivo sobrecargado de trabajo y de obligaciones es el mejor porque no tiene tiempo de entremeterse, de abordar trivialidades, ni de molestar a nadie.»

JACK WELCH,
presidente de US General Electric

«No conozco a ningún ejecutivo que haya reflexionado siquiera sobre el estrés, aunque muchos otros piensen en eso. A nadie mata el trabajo duro. Pero son bastantes los que mueren en cuanto abandonan un puesto activo.»

SIR IAN MACGREGOR, n. en 1912,
ex presidente del National Coal Board

«Disfruto con la presión, nada puedo hacer en su ausencia.»

GEORGE DAVIES,
presidente de Next

«Para lograr hacer algo, una comisión debería estar constituida por no más de tres personas, dos de las cuales se hallaran ausentes.»

ROBERT COPELAND

«Una junta es una reunión de personas importantes que aisladamente nada pueden hacer, pero juntas son capaces de decidir que no cabe hacer nada.»

FRED ALLEN (John F. Sullivan) (1894-1956)

«Cuando haya dinero en juego, nunca seas
el primero en mencionar cantidades.»

JEQUE AHMED YAMANI, n. en 1930,
ex ministro del Petróleo de Arabia Saudí

«El secreto de un buen negocio estriba en saber
algo que nadie más conoce.»

ARISTÓTELES ONASSIS (1906-1975),
magnate naviero

«Para tener éxito, luce un buen bronceado,
reside en un edificio elegante (aunque vivas
en el sótano), hazte ver en restaurantes de
moda (aunque escatimes las copas) y, si
te endeudas, empéñate a lo grande.»

ARISTÓTELES ONASSIS (1906-1975),
magnate naviero

«Compañía: un recurso ingenioso para
obtener un beneficio individual sin una
responsabilidad personal.»

AMBROSE BIERCE (1842-1914),
periodista norteamericano

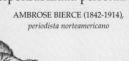

«Un consultor es alguien que ahorra
a su cliente casi lo suficiente para que pague
sus honorarios.»

ARNOLD H. GLASOW

«Los consultores son los que bajan
del monte para disparar a los heridos una vez
terminada la batalla.»

DOC BLAKELEY

«Vengo de un ámbito en donde
si ves a una serpiente, la matas. En la
General Motors, si ves a una serpiente, lo
primero que haces es contratar
a un experto en serpientes.»

H. ROSS PEROT, n. en 1930,
ex director de General Motors

«Cuando una persona con experiencia
encuentra a una persona con dinero,
la persona con experiencia conseguirá
el dinero. Y la persona con dinero
logrará alguna experiencia.»

LEONARD LAUDER

«El mundo empresarial es puro darwinismo:
sólo sobreviven los mejor adaptados.»

ROBERT HOLMES À COURT,
Bell Group International

«British Airways tiene un simulador
del reactor Jumbo, y el aterrizaje resulta
interesante y espectacular. Pero imagina
que estás en un auténtico Jumbo,
con el piloto muerto a tu lado.
Ésa es la auténtica sustancia
de la vida y la muerte.
Eso es lo que consigues en los negocios.»

ADAM FAITH,
ex cantante pop y hombre de negocios

«La innovación procede de una destrucción
creativa.»

YOSHIHISA TABUCHI,
presidente y director general de Normura Securities

«Asegúrese de contar con un vicepresidente
encargado de la revolución, para suscitar
un fermento entre sus colegas
más convencionales.»

DAVID OGILVY, n. en 1911,
fundador de Ogilvy and Mather

«En igualdad de circunstancias, la gente le comprará a un amigo. En desigualdad de circunstancias, la gente *seguirá* comprando a un amigo.»

MARK MCCORMACK, n. en 1930,
presidente y director general de International Management Group

«Lo que importa es trabajar con unos cuantos amigos íntimos, personas a las que respetes, sabiendo que, si las cosas resultan mal, esos individuos se mantendrán juntos.»

RICHARD BRANSON, n. en 1950,
fundador y presidente de Virgin Group

«No pereceremos como personas aunque nos falle nuestra fuente de ingresos, pero si fracasamos en nuestras relaciones humanas, nos destruiremos.»

REVERENDO ROBERT RUNCIE, n. en 1921,
arzobispo de Canterbury

«La riqueza personal nunca ha tenido importancia para mí. Lo que cuenta es el equipo de personas con las que trabajo.»

GEORGE DAVIES,
presidente de Next

«Tratamos a cada empleado como a un miembro de la familia. Si la dirección asume el riesgo de contratarlo, nosotros hemos de hacernos responsables de él.»

AKIO MORITA, n. en 1921,
presidente y director general de Sony Corporation

«Empiece con unas buenas personas, establezca las reglas, comuníquese con sus empleados, motívelos y prémielos. Si hace todo esto eficazmente, no fracasará.»

LEE IACOCCA, n. en 1924,
Chrysler Corporation

«Hay un proverbio inglés que dice: "No hay malos alumnos, sólo malos profesores." Creo que esto se aplica también a una empresa. No hay empleados malos, sólo malos jefes.»

T. S. LIN,
Tatung Co.

«En primer lugar, gana fama de genio creativo. Rodéate luego de socios mejores que tú. Y en tercer lugar, déjalos que sigan adelante.»

DAVID OGILVY, n. en 1911,
Ogilvy & Mather

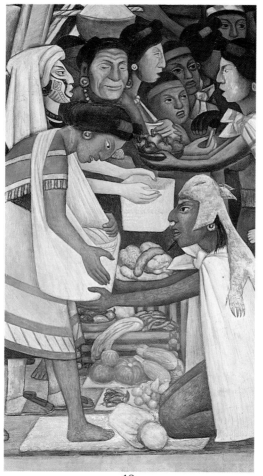

«En los Estados Unidos se dice
que el cliente es rey. Pero en Japón
el cliente es Dios.»

TAK KIMOTO,
Sumitronics Inc.

«El objetivo primero y fundamental es
ganar dinero de unos clientes satisfechos.»

SIR JOHN EGAN, n. en 1939,
Jaguar

«Nunca dejes de pensar que, en definitiva,
es el cliente quien
determina cuántas personas trabajarán
y qué clase de salarios pueden
permitirse las empresas.»

LORD ROBENS, n. en 1910,
National Coal Board

«Un mejor servicio al cliente beneficia
al público, y ése es el
auténtico objetivo de la empresa.»

KONOSUKE MATSUSHITA,
fundador de Matsushita Electric

«La calidad se recuerda mucho tiempo
después de haber olvidado el precio.»

Eslogan de la familia Gucci

«Es preciso purificar los beneficios
y hacer comprender a la gente que el lucro no es
algo ofensivo, sino tan importante para
una empresa como la respiración.»

SIR PETER PARKER, n. en 1924,
presidente de British Rail

«La creación de riqueza es casi una obligación
dados los amplios beneficios que de ella
se emanan.»

JOHN GUNN,
director ejecutivo de British & Commonwealth plc.

«El objetivo de la industria es crear riqueza. No consiste, pese a quienes crean lo contrario, en crear puestos de trabajo. Éstos surgen de la riqueza que la industria produce.»

SIR JOHN HARVEY-JONES, n. en 1924,
ex presidente de Imperial Chemical Industries

«Hacer dinero no obliga a la gente a perder su honor o su conciencia.»

BARÓN GUY DE ROTHSCHILD,
magnate bancario

«Hacer dinero es un arte y trabajar es un arte,
pero un buen negocio es la mejor
de todas las artes.»

ANDY WARHOL (1926-1987),
artista

«Los negocios, más que cualquier otra
ocupación, son un cálculo continuo,
un ejercicio instintivo de perspicacia.»

HENRY R. LUCE (1898-1967),
fundador de las revistas «Time» y «Fortune»

«Los negocios son como el sexo. Cuando son buenos, resultan buenísimos; cuando no lo son tanto, siguen siendo buenos.»

GEORGE KATONA

«Tengo la gran ambición de morir de agotamiento más que de tedio.»

ANGUS GROSSART,
Noble Grossart

«Los mejores líderes suelen encontrarse
entre aquellos ejecutivos que tienen un
intenso componente de heterodoxia
en su carácter. En vez de resistirse a la
innovación, la simbolizan. Y las empresas
no pueden crecer sin innovación.»

DAVID OGILVY, n. en 1911,
fundador de Ogilvy and Mather

«Los líderes han de ser sinceros,
estar al día, encajar en sus puestos
y madrugar.»

LORD SIEFF (1889-1972),
ex presidente de Marks & Spencer

«La dirección estratégica requiere otra destreza.
Es una disposición a parecer personalmente
disparatado; a abordar ideas medio pergeñadas,
puesto que así empiezan las ideas plenamente
logradas; una sinceridad total y la prontitud
para reconocer que uno se ha equivocado.»

SIR JOHN HOSKYNS, n. en 1927,
Burton Group

«Tu legado debe consistir
en haberlo dejado mejor
que cuando lo recibiste.»

LEE IACOCCA, n. en 1924,
presidente y director general de Chrysler Corporation

«Un caballo de carreras, capaz de cubrir
una milla en unos cuantos segundos menos,
vale el doble. En esa minucia estriba
su superioridad.»

JOHN D. HESS

«Una máquina puede hacer la tarea de
cincuenta hombres corrientes.
Ninguna máquina es capaz de realizar
el trabajo de un hombre extraordinario.»

ELBERT (GREEN) HUBBARD (1856-1915),
empresario, escritor e impresor norteamericano

«Quienes se imponen en este mundo son
los que se elevan y buscan las circunstancias
que pretenden, y, si no consiguen
encontrarlas, las crean.»

GEORGE BERNARD SHAW (1856-1950),
dramaturgo irlandés

«El tipo de personas que busco para ocupar
puestos de altos ejecutivos es el de los castores
afanosos, los inconformistas. Son los que
tratan de hacer más de lo que se esperaba
de ellos... y siempre lo consiguen.»

LEE IACOCCA,
Chrysler Corporation